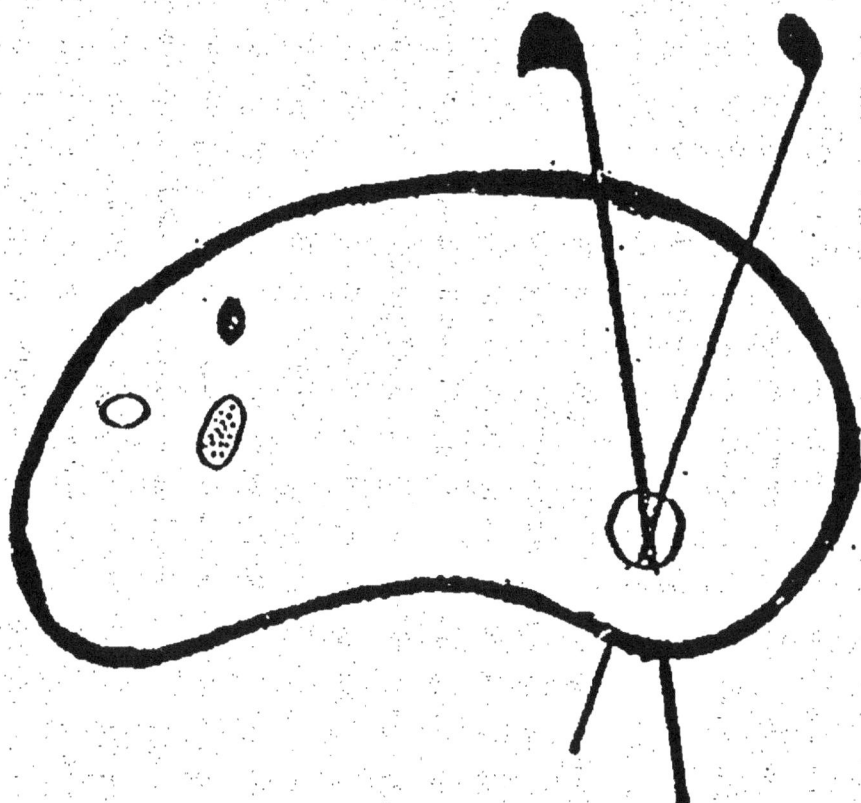

DEBUT D'UNE SERIE DE DOCUMENTS
EN COULEUR

GUIDE PRATIQUE

DES

CONFÉRENCES

DE

SAINT-VINCENT-DE-PAUL

> « Le précepte que je vous donne,
> « est que vous vous aimiez les uns
> « les autres, comme je vous ai ai-
> « més. »
>
> S. Jean, ch. xv, v. 12.

PARIS

AU SECRÉTARIAT GÉNÉRAL,

RUE FURSTENBERG, 3.

1881

PUBLICATIONS

DE LA

SOCIÉTÉ DE SAINT-VINCENT DE PAUL

Almanach du Laboureur et du Vigneron, avec gravures; prix 25 c. l'ex., le cent 15 fr.; par la poste 35 c.

Almanach de l'Atelier, même prix.

Almanach du Coin du feu, 50 c.; par la poste 65 c.

Règlement général de la Société de Saint-Vincent de Paul, 15 c.; par la poste 20 c.

Manuel de la Société de Saint-Vincent de Paul, 1 fr. 50; par la poste 1 fr. 80.

Vie de Saint Vincent de Paul, par un membre de la Société, prix 50 c.; par la poste 65 c.

Petites Lectures illustrées, 48 livraisons de 8 pages chaque par an.

On ne souscrit pas à moins de 10 exemplaires : 8 fr. à Paris.

Le prix descend à 16 fr. pour 25 exemp. à Paris

—   24 fr. pour 50   —

—   44 fr. pour 100   —

Par la poste le prix est ainsi établi :

10 souscriptions de 48 livraisons 10 fr.
25 — — 20 fr.
20 — — 34 fr.
100 — — 63 fr.

Les 48 livraisons de chaque année se vendent aussi à part 50 c.; par la poste 80 c.

MANUELS du Soldat, de l'Ouvrier, du Laboureur, de la Mère de famille, du Marin, et du Chrétien vivant dans le monde. Chacun de ces 6 manuels cartonné, se vend 50 c. à Paris, par la poste 75 c.

Pensez-y bien, 15 c.; par la poste 20 c.

Imitation de Saint Vincent de Paul, par le R. P. Delaporte, 29, rue de Tournon; prix 1 fr. 80; par la poste 2 fr.

Conférences de Saint Vincent de Paul, par M. Legentil; prix 1 fr. 50; par la poste 1 fr 75.

La Société de Saint-Vincent de Paul, par M. Eugène de Margerie; prix 5 fr.; par la poste 6 fr. Chez Tolra, 112, rue de Rennes.

PARIS. — IMP. F. LEVÉ, RUE CASSETTE, 17.

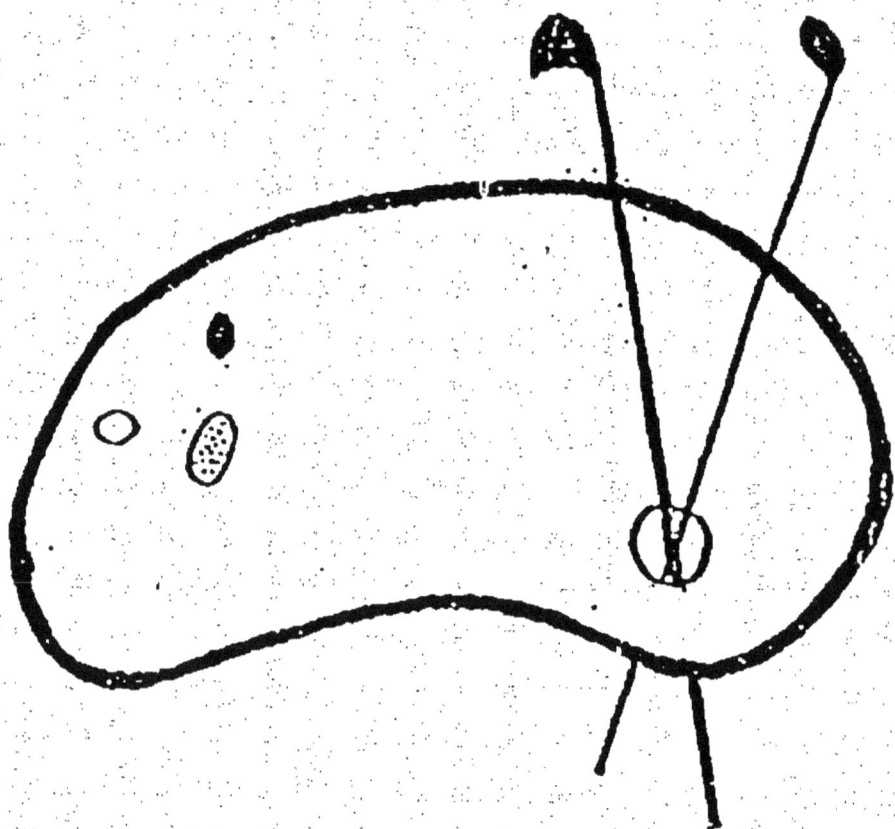

FIN D'UNE SERIE DE DOCUMENTS
EN COULEUR

GUIDE PRATIQUE

DES

CONFÉRENCES

DE

SAINT-VINCENT-DE-PAUL

« Le précepte que je vous donne,
« est que vous vous aimiez les uns
« les autres, comme je vous ai i-
« més. »

S. Jean, ch. xv, v. 12.

PARIS

AU SECRÉTARIAT GÉNÉRAL,

RUE FURSTENBERG, 6.

—

1881

GUIDE PRATIQUE

DES CONFÉRENCES

DE SAINT-VINCENT-DE-PAUL

ŒUVRES DES CONFÉRENCES.

1. Pour tout chrétien, l'aumône est un *impérieux devoir* : la faire isolément, c'est faire acte méritoire pour quiconque agit, non par un mouvement de compassion naturelle, mais en vue d'obéir à Dieu et de lui plaire.

Cependant, faire l'aumône dans cet esprit, de concert avec des confrères animés des mêmes sentiments et doués de facultés variées, est un moyen qui semble encore préférable : il permet, en effet, de secourir le pauvre plus efficacement et avec plus de discernement, de méthode et de continuité; de lui mieux faire sentir l'action de la Providence divine, de le consoler, de l'encourager, enfin de l'amener à la religion s'il ne la connaît pas, ou de l'y ramener s'il s'en est éloigné.

Avec les meilleures intentions, n'arrive-t-i
pas à l'homme charitable qui reste isolé de remettre la visite des pauvres après ses autres occupations, c'est-à-dire au moment où il en a
tout à fait le loisir ? Cependant, à son insu et
alors que sa bonne volonté reste inerte, la faim, le
froid, la nudité, la maladie, le défaut de travail
et bien d'autres misères assiègent l'indigent!
Or, l'association est un lien qui préserve de
l'inexactitude.

Ce sont ces motifs et considérations qui ont
déterminé les membres de la Société de Saint-
Vincent-de-Paul à pratiquer en commun les
œuvres de charité. Il a paru utile de consigner
dans ce petit écrit les usages suivis jusqu'à ce
jour dans la pratique de ces différentes œuvres.

2. La plus importante de toutes est celle de la
visite des pauvres à domicile.

Voici l'énonciation sommaire des moyens qui
ont paru les plus propres à en assurer l'efficacité :

Première visite au domicile de la famille indigente *par un* et, mieux encore, *par deux*
membres de la Société, délégués à cet effet par
la Conférence (1).

_____

(1) Chaque section de la Société de Saint-Vincent-
de-Paul porte ce nom pour rappeler l'humble origine
de l'Œuvre, sortie d'une Conférence ou réunion d'étudiants; mais toute discussion théorique en est soigneusement bannie, pour laisser a place ibre à la pratique
de la charité.

Enquête par eux, auprès de cette famille, de sa composition, de ses souffrances et de ses besoins. (*Savoir aussi, dans cette première visite, l'âge de chacun des membres de la famille, la profession de son chef, s'il sait lire, si la famille est du pays, ou depuis combien de temps elle l'habite.*)

Rapport par les délégués, lors de la plus prochaine réunion des membres de la Conférence, des faits recueillis, des remarques faites auprès de la famille indigente, et, s'il y a lieu, des renseignements reçus fortuitement ou obtenus discrètement à son sujet.

Le titre des pauvres à la commisération est leur pauvreté même. La Société, qui secourt les pauvres quelles que soient leurs croyances religieuses, témoigne néanmoins, et selon la recommandation de saint Paul, un intérêt spécial à l'indigent qui a le bonheur d'être chrétien et qui honore ce titre par les vertus que la religion commande de pratiquer.

L'usage, dans les Conférences, est d'adopter les familles les plus nombreuses et celles où il y a le plus de bien moral à espérer.

3. En cas d'adoption par la Conférence de la famille qu'elle a fait visiter une première fois, et d'une fixation de secours périodiques pour elle, cette famille est de nouveau visitée à domicile, soit par les délégués qui ont recueilli les premières informations, soit, et mieux encore, pa

deux membres auxquels, selon la composition de
la famille, le président a jugé à propos d'en
confier le soin.

De la première impression produite par des
visiteurs sur une famille pauvre dépend leur influence sur tous les membres de cette famille,
dans les différentes circonstances où chacun
d'eux peut se trouver par la suite des temps.
L'expérience de ce fait détermine la règle de
conduite que les visiteurs observent dans une
première démarche, toujours faite d'ailleurs
sous l'inspiration de l'esprit de Dieu invoqué
auparavant. L'urbanité, la prudence et la cir-
conspection accompagnent cette démarche ; an-
noncer avec simplicité le but de la visite, parler
peu, écouter beaucoup, témoigner un intérêt
charitable, promettre de rendre compte à la
Conférence au nom de laquelle ils se présentent,
exprimer le regret qu'elle ait peu de ressources
et laisser une modique aumône, à cela se borne
d'ordinaire une première station de visiteurs
dans une famille pauvre. Les mêmes principes
de conduite dominent aussi les communications
ultérieures avec cette famille et avec chacun de
ses membres, lorsqu'elle a été adoptée. Les visiteurs traitent surtout avec beaucoup de ménage-
gements et de cordialité les plus ignorants, les
plus difficiles et les plus éloignés des sentiments
religieux.

Pendant la deuxième visite, où lors d'une des

visites ultérieures, selon l'opportunité, il est important d'éclaircir d'abord les questions posées ci-après, en portant dans cette enquête toute la discrétion et tout le ménagement nécessaires :

S'il y a homme et femme dans la maison, sont-ils mariés devant l'état civil ?

Peuvent-ils produire un extrait de l'acte de leur mariage ?

Leur mariage a-t-il été béni par l'Église ?

Chacun des individus qui demeurent ensemble a-t-il fait sa première communion ?

S'il ne l'a point faite, sait-il s'il a été baptisé ?

S'il n'est pas certain de l'avoir été, où est-il né ?

Quel âge a-t-il ?

S'il y a des enfants dans la maison, tous ces enfants ont-ils été baptisés ?

Dans quelle ville ?

Dans quelle paroisse de la ville ?

Si les enfants sont en bas âge, qui en a soin et les surveille pendant l'absence de leur père et de leur mère ? Sont-ils admis dans une crèche ou dans une salle d'asile ?

Les enfants, à partir de l'âge de 6 à 7 ans, vont-ils à l'école ?

Ceux de dix ans et au delà vont-ils au catéchisme ?

Ceux qui ont 12 ans ont-ils fait leur première communion ?

Ceux qui l'ont faite sont-ils en apprentissage ?

S'ils n'y sont pas, pour quel métier ont-ils de l'attrait ou montrent-ils de l'aptitude?

Existe-t-il dans le logis un crucifix, une image de la sainte Vierge, un livre de prières contenant l'ordinaire de la sainte messe, et enfin un catéchisme du diocèse, pour que les enfants puissent s'exercer à en apprendre la lettre?

Les chefs de famille ont-ils de l'ouvrage de leur profession?

S'ils n'en ont pas, quelles démarches pourraient être utilement faites pour leur en procurer?

Si l'information a lieu en temps de morte-saison ordinaire pour les chefs de famille, à quelle autre occupation productive pourraient-ils se livrer pendant ce temps?

Ont-ils les vêtements indispensables pour pouvoir se présenter décemment dans un atelier de travail?

Le défaut de vêtements ou de chaussures ne met-il pas obstacle à ce que les enfants aillent à l'école?

La famille a-t-elle les objets de literie indispensables pour qu'aucun enfant ne partage le lit de père et de mère, et pour que les enfants de chaque sexe soient séparés pendant la nuit?

Ces questions, nous le répétons, doivent être faites avec prudence et discernement; on doit éviter avec soin tout ce qui pourrait froisser les légitimes susceptibilités du pauvre ou rappeler les formes d'une enquête officielle.

Les visiteurs de la famille entretiennent la Conférence, dans une de ses plus prochaines séances, des points sus-énoncés qui seraient de nature à fixer plus particulièrement son attention. Sur leur rapport, la réunion avise aux moyens de faire cesser les désordres, négligences, privations et souffrances qui auraient été portés à sa connaissance.

Ces moyens sont l'instruction et le mariage des concubinaires, après baptême et première communion, s'il y a lieu; le baptême des enfants, le recours au vestiaire de la Conférence, à sa lingerie, à sa bibliothèque, enfin la coopération active de tous les membres de la Conférence à l'amélioration matérielle et morale de la condition de la famille visitée. Pendant le cours des informations déjà indiquées et de l'exécution des actes d'assistance concertés et arrêtés en Conférence, en raison de ces informations, la famille pauvre reçoit chaque semaine à domicile, par les mains des visiteurs agissant au nom de la Société, des bons de pain, de viande, etc., ainsi que tous les autres secours dont elle peut avoir besoin et qu'il est possible de lui procurer.

Quelques Conférences divisent leurs familles pauvres en deux ou trois séries, afin que les distributions de secours puissent être mieux proportionnées aux besoins de chacune d'elles. De temps à autre, et surtout à l'approche de l'hiver, une révision attentive des catégories éclaire la Conférence sur les changements qu'il conviendrait d'y apporter, en raison des vicissitudes survenues dans la position des familles adoptées.

4. Toute famille pauvre, admise aux secours par une Conférence, est visitée à domicile au moins une fois par semaine, au jour et à l'heure fixés de concert entre les membres appelés à signaler ses besoins et à lui procurer du soulagement. Il est à propos que ces jour et heure ne soient pas toujours les mêmes. Les visites doivent être faites sans précipitation.

Négliger, ou se dispenser de visiter en personne la famille pauvre, lui envoyer le secours que la Conférence lui destine, c'est retenir la meilleure partie de l'aumône, celle d'une bonne parole sortie du cœur. Ce qui touche, console et encourage le pauvre, c'est de voir qu'on pense à lui, qu'on s'occupe de lui et qu'on lui est affectionné. Toutes les facultés de l'esprit et du cœur de l'homme véritablement charitable doivent donc concourir à l'aumône.

Les membres visiteurs se considèrent comme tenus d'honorer Notre-Seigneur Jésus-Christ dans la personne du pauvre. Si donc un incident les empêche de porter en personne à la famille dont ils sont chargés, les bons de pain, de

viande, de bois ou autres qui lui sont destinés,
ils s'abstiennent de les lui faire tenir par un do-
mestique ou par tout autre commissionnaire.

Dans quelques Conférences, des actes d'une
charité prévenante sont exercés par plusieurs
membres envers de pauvres familles logées à 3
et 4 kilomètres des habitants agglomérés de la
paroisse. Au lieu de bons de pain, de viande, etc.,
ces personnes reçoivent en nature à domicile les secours de la Conférence, des mains de
leurs visiteurs qui les portent eux-mêmes, et
elles sont ainsi affranchies de la fatigue et de la
perte de temps que leur occasionnerait la nécessité de venir de loin pour chercher ces secours.
L'introduction de la Société de Saint-Vincent-
de-Paul au sein des campagnes y diminue, au
reste, le vagabondage et la mendicité : secourir
l'indigent dans son hameau, c'est lui ôter la
tentation, souvent pernicieuse pour lui, d'aller
quêter des aumônes dans les villes.

Les secours en argent sont toujours regardés
par la Société comme exceptionnels, attendu qu'il
est difficile d'en surveiller l'emploi. Il n'en est
guère accordé que pour l'achat d'instruments de
travail, de meubles ou d'ustensiles indispensables
et dont le prix est connu à l'avance.

La plupart des Conférences consacrent un peu

d'argent à des crucifix, des images, des chape-
lets et des médailles.

Les visiteurs rappellent, au besoin, à toute
famille dont le soin leur est dévolu, qu'ils agis-
sent au nom d'une Société charitable dont les
ressources ont une limite. Ils ne s'engagent envers
cette famille qu'à rendre compte des souffrances
et des besoins qu'elle éprouve. Ils s'abstiennent
de promesses formelles d'une assistance déterminée, à moins qu'ils n'aient personnellement l'intention et les moyens de remplir ces promesses.

L'expérience a permis de constater, toutefois, que l'usage de secourir les familles
adoptées par des aumônes individuelles a de
graves inconvénients, et qu'il est préférable
d'augmenter les ressources communes. Il pourrait résulter de la pratique contraire une iné-
galité choquante entre les pauvres de la Conférence ; ils seraient secourus alors, non plus en
raison de leurs besoins, mais en raison des
moyens pécuniaires de tel ou tel visiteur.

5. L'assistance des misères physiques doit pré-
céder et faciliter l'assistance des misères morales.
Le bienfait ouvre le cœur à la confiance : c'est
donc par l'aumône corporelle que doivent se préparer les voies à l'aumône spirituelle. Il convient
de n'essayer de cette dernière qu'après avoir
prodigué l'autre. Des paroles affables amènent
la confiance qui, du reste, est bientôt acquise à
celui qui vient soulager et consoler.

Quand le moment est présumé favorable pour
faire entendre au pauvre insouciant ou incrédule les conseils religieux qui régénèrent l'âme
en rappelant au chrétien sa sublime destinée,
les visiteurs de la famille, après s'être concertés à cet effet, usent de toute la mansuétude de
cœur et de paroles dont ils sont capables : sans
douceur, le zèle pour le salut des âmes est un
navire sans voiles.

Lors des réunions des membres d'une Conférence, les visiteurs d'une famille pauvre peuvent
demander, soit que l'un d'eux permute avec l'un
des deux visiteurs d'une autre famille, soit
même que leur famille reçoive à l'avenir les
soins simultanés de deux autres visiteurs. Les
échanges de cette nature, lorsqu'ils ont lieu,
permettent à un plus grand nombre d'associés
d'apprécier, par comparaison, les misères à soulager ; ils peuvent aussi contribuer à maintenir,
au besoin, l'ascendant moral de la Société sur
les familles. Les Conférences s'appliquent,
néanmoins, à concilier, autant qu'il est possible,
les échanges avec le placement des visiteurs à
proximité des familles confiées à leurs soins.

Dans des circonstances délicates ou difficiles,
l'expérience du Président et celle des membres
du bureau de chaque Conférence, non moins
que la connaissance plus intime qu'ils ont de
son personnel, les mettent à portée de concer-
ter et de déterminer d'utiles mutations. En effet,

parmi des associés d'âges, de professions et de caractères différents, tous peuvent n'être pas également aptes à visiter certaines familles. S'il se rencontre, par exemple, un pauvre ignorant ou incrédule, que sa misère rende digne d'intérêt, et qui néanmoins blasphème la divine Providence, maudisse le jour qui l'a vu naître et se livre à des accès de désespoir, la Conférence le confie de préférence à la sollicitude de visiteurs instruits, d'un naturel calme, imposants, doués d'onction, et qui, à force de patience et de relations affectueuses, puissent, à l'aide de secours matériels, d'instructions religieuses et de temps, faire naître l'espérance dans ce cœur desséché par l'adversité.

6. La sollicitude des visiteurs va s'étendant à mesure que la position de la famille est plus connue et que l'influence des secours par elle reçus l'a portée à témoigner plus de confiance ; tout enfant et tout adolescent excite surtout le zèle charitable des visiteurs ; mais avant d'obéir à l'impulsion qu'ils reçoivent de ce sentiment, ils s'appliquent à épuiser, autant qu'il est possible, les questions qui touchent à l'ensemble de la famille, et plus particulièrement aux personnes des père et mère.

A cet effet, ils écoutent avec affabilité leurs doléances et les recueillent attentivement.

Si elles révèlent que la famille a un parent ou un ami en état de lui venir en aide;

Ou une affaire litigieuse à poursuivre,

Ou un chagrin causé par l'éloignement ou la détention d'un proche dont elle n'aurait point de nouvelles;

Ou une instance commencée pour obtenir quelque poste ou emploi; les visiteurs proposent aux chefs de la famille l'intervention de la Conférence pour toute démarche qui pourrait être efficace.

Si le père ou la mère manque de quelque outil nécessaire pour travailler de son état, ou s'il y a des réparations urgentes à faire à l'un des outils dont ils sont pourvus, les visiteurs en réfèrent à la Conférence, en supposant que l'importance du secours nécessaire dans la circonstance exige délibération. Dans le cas où il est décidé que le secours ne peut être accordé qu'à titre de prêt remboursable par semaine, par quinzaine ou par mois, les visiteurs en suivent le recouvrement aux époques et dans le délai fixés par la réunion.

7. Quand une famille pauvre témoigne l'intention de quitter son pays, pour aller s'établir ailleurs et surtout dans une grande ville, les visiteurs pèsent les motifs de ce dessein. S'ils ne semblent pas plausibles, ils engagent la famille à suspendre son départ, jusqu'à ce que des informations positives aient été obtenues du lieu où elle veut se rendre, sur les ressources qu'elle y pourrait trouver. La Conférence dont ils font

partie écrit alors à celle de la ville désignée par la famille pauvre, afin de savoir si l'ouvrage y abonde, si les places y sont faciles à trouver, en un mot si le changement de résidence peut être utile ou nuisible. La réponse est communiquée à la famille; si les renseignements obtenus sont défavorables, et si elle persiste néanmoins à vouloir courir les chances de déceptions fâcheuses, les visiteurs exposent le fait à la Conférence, qui prend des moyens pour que cette famille ait de l'assistance, s'il est possible, pendant le trajet qu'elle aurait à parcourir.

La Conférence environne, à plus forte raison, de sa sollicitude, dans le même but, toute famille secourue par elle qui se trouve dans la nécessité évidente de changer de résidence, ou qui ne se déplacerait qu'avec une sorte de certitude d'améliorer sa position.

Elle favorise enfin, par tous les moyens qui sont en son pouvoir, la translation des pauvres qu'elle assiste dans leur pays natal et auprès de leur famille, quand ils demandent à y retourner.

Les précautions indiquées, page 29, pour les ouvriers ou apprentis qui font leur tour de France doivent à plus forte raison être prises pour les pauvres voyageurs.

8. Dans l'intérêt de la santé de la famille, les visiteurs insistent, s'il y a lieu, sur la nécessité d'observer le principe de l'hygiène qui fait une loi d'entretenir en état de propreté le logis, ses

abords et les personnes qui l'habitent. Ils affectent, au besoin, un secours particulier à l'emplette des objets indispensables pour opérer les nettoiements.

Si le logement d'une famille pauvre est d'une insalubrité notoire, les visiteurs en informent la Conférence, qui avise alors, selon ses moyens, d'après cette considération capitale, que l'insalubrité de l'habitation ajoute souvent à l'indigence les maladies et les infirmités.

Si un désœuvrement forcé, résultant de défaut de travail, d'indisposition momentanée ou de toute autre cause, vient à engendrer l'ennui et l'abattement dans la famille, les visiteurs s'efforcent d'y remédier, soit en lui procurant un livre intéressant, si elle a l'instruction suffisante pour le lire, soit en se concertant entre eux pour faire eux-mêmes la lecture de ce livre auprès de la famille dans les instants dont ils peuvent disposer. Le choix du livre est fait en raison du degré d'instruction sur la religion reconnu dans l'esprit de la famille.

Enfin, s'il arrive que l'infirmité incurable ou l'état de caducité de l'un des membres d'une famille pauvre exige des dépenses hors de sa portée; si ce membre a le désir d'aller finir ses jours dans une maison de retraite, ou si seulement il consent à ce que des démarches soient faites pour y obtenir son admission, les visiteurs de la famille exposent les faits à la Conférence

2

et elle donne à ces informations la suite qu'elles sont susceptibles de recevoir.

9. Quand l'un des membres de la famille est malade, s'il montre de l'éloignement pour entrer à l'hospice, et si ses motifs sont plausibles, les visiteurs s'abstiennent de les combattre. Autrement, ils encouragent le malade à surmonter sa répugnance, en l'assurant que pendant la durée de sa maladie lui et sa famille seront l'objet d'une sollicitude spéciale de la part de la Conférence.

Dès qu'il a été transporté à l'hospice, les visiteurs s'empressent d'en informer la Conférence, afin que par les associés ayant accès dans l'établissement ou de toute autre manière, s'il y a lieu, elle procure à ce membre souffrant de Notre-Seigneur Jésus-Christ des adoucissements en raison de sa situation, de sa séparation d'avec ses proches, ainsi que les secours spirituels dont il peut avoir besoin.

Si le malade ne se rend point aux instances des visiteurs, ils s'efforcent de lui procurer gratuitement à domicile les soins d'un médecin, les médicaments qui lui sont ordonnés, l'usage des draps et tout ce que la lingerie de la Conférence peut prêter, etc.

Si l'état du malade empire nonobstant le traitement, et s'il est en danger de mort prochaine, les visiteurs veillent à ce qu'il en soit averti à temps et avec ménagement. Ils offrent, au besoin, de se charger tant de préparer le malade à recevoir les secours de l'Église, que de réclamer pour lui ces secours.

Ils s'entendent pour que l'un d'eux au moins soit présent à l'administration des sacrements.

Si le malade vient à succomber, les visiteurs concourent aux pénibles démarches à faire alors auprès de l'état civil, de l'église et partout ailleurs.

Ils assistent enfin aux funérailles. Quelques Conférences ont même adopté le pieux usage de députer plusieurs de leurs membres pour accompagner avec les visiteurs le convoi d'un pauvre décédé.

Pendant les jours suivants, ils vont donner à la famille des consolations puisées dans les sentiments de foi, d'espérance et de charité qui les animent.

10. Il arrive parfois que les visiteurs d'une famille pauvre deviennent involontairement les confidents des griefs des père et mère contre leurs enfants, et de ceux-ci contre leurs parents. D'après ces révélations et en vue, d'ailleurs, de l'avenir de la famille, les visiteurs entretiennent chacun de ses membres isolément des devoirs de sa position ; ils rappellent aux père et mère ue donner le bon exemple en tout ne suffit pas ; qu'ils doivent de plus rendre la vie en commun douce, joyeuse, agréable ; que l'égalité d'humeur, des paroles d'affection et des actes de condescendance en choses permises, sont indispensa-

bles pour captiver l'esprit et le cœur des enfants ; que ces procédés leur font trouver la maison paternelle préférable à tout autre ; qu'ils y restent alors ou qu'ils y reviennent avec plaisir ; qu'autrement le goût de la vie en famille s'altère en eux ; que le désir de l'indépendance le remplace ; qu'ils s'habituent à la pensée d'une séparation, et qu'ils conçoivent bientôt le projet d'un éloignement, écueil funeste aux relations de parenté : alors, en effet, s'évanouissent à la fois l'influence de l'autorité paternelle, la soumission filiale, l'existence économique, ainsi que les consolations et les bénédictions réservées aux familles, surtout quand plusieurs générations réunies sous le même toit y vivent en bonne harmonie.

Les visiteurs expliquent aux enfants, d'un autre côté, l'étendue de la signification du verbe *honorer* employé dans le quatrième commandement de Dieu : aimer ses père et mère, leur obéir promptement et avec joie, les assister dans leurs besoins, se gêner en tout pour eux, ne sont qu'une partie des devoirs à remplir par un bon fils ; respecter son père et sa mère, les environner toujours et quels que puissent être leurs torts, d'égards, de témoignages de déférence et pour ainsi dire de vénération, comme les représentants de Dieu dans toute famille, tel est aussi le sens absolu du commandement. Or, inculquer de bonne heure cette vérité dans l'esprit des enfants, et l'y graver de 'plus en plus à mesure qu'ils avancent en âge, ne sont pas les actes les moins utiles que puissent faire les visiteurs pour contribuer à la régénération de la société.

Au surplus, dans leurs relations cordiales avec toute famille pauvre, même avec celles où le bon accord semble régner constamment, les visiteurs prennent le soin facile d'amener la conversation sur les bienfaits de l'union qui rend les privations plus supportables et les joies plus vives. En rappelant les devoirs réciproques, ils s'étendent en même temps sur les avantages, la douceur et les charmes de la vie en commun; heureux si, en faisant pénétrer peu à peu le goût de cette vie dans l'esprit des pères et surtout dans celui des enfants, ils contribuent à resserrer un lien dont 'la rupture amène ordinairement la déconsidération, l'isolement, une plus grande détresse et mille affligeants désordres.

11. Dès que le chef d'une famille pauvre a ressenti les premiers effets de la sollicitude charitable que les visiteurs lui ont témoignée et que la confiance est excitée en lui, cette bonne disposition est mise à profit dans l'intérêt des enfants.

En conséquence, si les soins de la surveillance qu'exigent les plus jeunes retiennent leur mère au logis, quand il serait avantageux au ménage qu'elle pût aller travailler au dehors, et lorsqu'il existe une salle d'asile à la portée de la famille, les visiteurs offrent le concours de la Conférence pour solliciter l'accès dans cet établissement des enfants en âge d'y être gardés et soignés pendant la journée.

Si les garçons, à partir de l'âge de 6 à 7 ans, ne vont pas à l'école, la nécessité de les y envoyer est représentée aux père et mère. Les visiteurs ajoutent à leurs exhortations à ce sujet la promesse de surveiller, de concert avec les parents, et de récompenser, s'il y a lieu, la conduite des enfants (1).

Pour remplir cet engagement, aussitôt qu'un enfant est admis à l'école, les visiteurs de sa famille entrent en relations avec le maître s'ils en ont la facilité. Ils lui remettent un livret au nom de l'enfant, et obtiennent d'ordinaire que le maître veuille bien consentir à prendre le soin, chaque semaine, de consigner, en peu de mots,

---

(1) L'expérience a démontré que la plupart des pauvres, absorbés par des besoins et des intérêts matériels, et souvent sans instruction eux-mêmes, ne s'inquiètent pas assez de l'exactitude et des progrès des enfants. La Société de Saint-Vincent-de-Paul, en se faisant l'auxiliaire et la conseillère de la famille, la tutrice de l'enfant, acquiert par là surtout l'influence et même l'ascendant nécessaire pour faire remplir à chacun son devoir.

sur ce livret, ses remarques concernant l'écolier. A l'inspection des notes que l'un des visiteurs fait aussi souvent qu'il est possible, il agit à l'égard de l'enfant comme ferait un père.

Par ces moyens, l'écolier peut être ramené, s'il en est besoin, à la diligence, à la bonne tenue, à l'assiduité, à la docilité, à l'application, au respect qu'il doit à ses maîtres, à l'urbanité envers tout camarade, et il est préservé du vagabondage, source de contacts pernicieux. Les visiteurs concourent ainsi au progrès de son instruction et à celui de son éducation.

Ils stimulent ou soutiennent d'ailleurs le zèle et la bonne volonté de l'écolier par des récompenses proportionnées à son application. Elles consistent en livres utiles et en objets d'amusement, quelquefois en effets d'habillement.

Le loisir des jours de congé, non moins que les devoirs des jours de classe, excite la vigilance des membres visiteurs. Une charité ingénieuse leur suggère le choix des moyens à employer, selon les ressources qu'offre chaque localité, pour qu'en se récréant l'écolier reste irréprochable: des promenades, des réunions avec des écoliers d'élite en compagnie d'un membre de la Conférence, contribuent à l'éducation morale de tous les enfants.

12. Quand l'écolier a été reçu au catéchisme de la paroisse, un contrôle analogue à celui qui

s'exerce sur sa conduite à l'école, est concerté entre le catéchiste et les visiteurs. Ces derniers veillent en particulier à ce que l'enfant ne manque point d'assister à la sainte Messe les dimanches et fêtes. Si l'insouciance des parents met obstacle à ce que ce devoir étroit soit rempli avec exactitude, l'influence acquise par les visiteurs sur le chef de famille vient en aide au maître, au catéchiste et à l'enfant lui-même.

Les visiteurs veillent soigneusement à ce que tout enfant de l'âge de 7 à 10 ans n'oublie pas ses prières et s'applique à apprendre la lettre du catéchisme, ainsi que les commandements de Dieu et de l'Église.

A cet effet, s'ils s'aperçoivent que l'instruction reçue par l'enfant à l'école reste insuffisante, ils lui indiquent de courtes leçons à étudier ; ils les lui font réciter de temps à autre, et récompensent son application.

Ils s'attachent d'ailleurs à le familiariser avec la prononciation correcte des mots et, autant qu'il est possible, avec la signification des mots qui lui sont le plus étrangers.

Lorsque, parmi de jeunes enfants, il en est qu semblent trop faibles pour être occupés dans une manufacture, les visiteurs ont soin d'éclairer sur ce point ses parents. Si cependant, par inexpérience ou par un motif d'intérêt, les père et mère persistent dans la résolution d'assujettir cet enfant à un travail assidu, les visiteurs

s'efforcent de les en détourner et promettent, à
cet effet, de solliciter de la Conférence pour la
famille un supplément d'assistance de nature à
tenir lieu d'une partie du salaire qu'aurait gagné
l'enfant.

———

13. Après la première communion d'un jeune
garçon (1), la tâche des visiteurs de sa famille
grandit, avec le nombre des nouveaux écueils
qu'il pourra rencontrer dans l'apprentissage d'un
métier, en supposant (ce qui est regrettable et
ce qui arrive trop souvent) qu'il ne soit pas des-
tiné à suivre la même carrière que son père.

En conséquence, lorsqu'un goût prononcé de
l'enfant, son aptitude native ou sa docilité ne
laissent point d'incertitude à sa famille touchant
la profession qu'il embrassera, les visiteurs in-
terviennent d'abord pour éclairer le choix de la
maison où il y a, sous les rapports religieux et
moraux, le moins d'inconvénients à le placer.

Au premier rang des conditions à régler avec
le chef de cette maison, doit être la faculté pour
l'apprenti de disposer de quelques heures dans
la matinée des dimanches et fêtes, afin de pou-

———

(1) La Société de Saint-Vincent-de-Paul ne s'occupe
pas des écoles de filles ni de leur patronage; elle en
laisse le soin à d'autres Œuvres.

voir aller à l'église pour assister à la sainte messe et à l'instruction pastorale. Les visiteurs n'omettent rien pour déterminer les parents à consentir à toutes les exigences d'un maître d'apprentissage, pourvu que l'enfant puisse continuer de remplir ses devoirs religieux les plus étroits ; et comme parmi les maîtres qui oublient Dieu et son culte, il en est cependant qui comprennent que les sentiments de probité et d'amour du travail seraient bientôt compromis chez un apprenti sans la crainte de Dieu et le frein de la religion, c'est à l'un de ces maîtres, que l'enfant est confié de préférence.

A partir de ce moment, les visiteurs de la famille, quand l'établissement en question n'est pas éloigné de leur demeure, se constituent les patrons de l'apprenti : des communications directes avec son nouveau supérieur les éclairent sur le meilleur mode à suivre pour exercer une surveillance utile, maintenir l'apprenti dans la bonne voie, ou l'y ramener s'il s'en écarte. Le chef de l'établissement, surtout dans les ateliers peu nombreux, ne se refuse point d'ordinaire à consigner des notes sur la conduite de l'apprenti, dans un livret semblable aux livrets qu'ont tenus précédemment l'instituteur et le catéchiste.

Aidés de ces renseignements, de ceux qu'ils ont pu recueillir auprès des père et mère, et enfin des lumières qui jaillissent dans les visites inopinées faites à l'atelier, les visiteurs remettent autant qu'il est nécessaire sous les yeux de l'apprenti les obligations spéciales de sa position : profiter exactement de la faculté d'aller à l'église le matin des dimanches et fêtes ; être soumis à tout supérieur ; prompt et fidèle à faire les commissions ; diligent, soigneux, appliqué au travail ; obligeant et zélé pour les divers services dans l'établissement ; fermer l'oreille aux chansons et propos licencieux ; s'abstenir de mots grossiers, de taquineries, d'injures, de cris, de disputes, de médisances, de rapports nuisibles ou inutiles ; en deux mots, être irréprochable, telles sont les recommandations ordinaires que l'apprenti reçoit des visiteurs.

S'il a quelques loisirs, s'il a du goût pour la lecture, et s'il promet d'être soigneux, les visiteurs lui prêtent ou lui procurent des livres instructifs ou amusants ; ils le prémunissent d'ailleurs contre le danger éventuel de lire les ouvrages et chansons qui pourraient circuler dans l'atelier.

S'il témoigne le désir d'augmenter les notions par lui acquises à l'école, ses patrons subordonnent à la nature des témoignages consignés dans son livret les démarches qu'ils ont à faire pour qu'il puisse profiter des leçons données à l'école d'adultes, lorsqu'il en existe une dans la localité.

S'il a conservé le zèle et les sentiments de piété qui l'animaient lors de sa première communion, et s'il existe un catéchisme de persévérance dans la paroisse qu'il habite, les visiteurs sollicitent en faveur de l'apprenti son admission au nombre des jeunes gens qui assistent aux exercices de ce catéchisme, et le munissent au besoin d'un livre de prières.

Quelles que soient, au reste, sous ces rapports, les dispositions de l'apprenti, si d'un côté le patronage tend par l'action continue d'une vigilante sollicitude, à ce qu'il soit exact à remplir ses devoirs essentiels, les visiteurs s'efforcent, d'un autre côté, de lui procurer des amusements honnêtes à l'abri de contacts dangereux, aux jours et heures où il est le maître de l'emploi de son temps.

Quand l'établissement qui reçoit l'apprenti, bien que dans la ville habitée par les visiteurs de sa famille, est cependant situé à une trop grande distance de leur demeure pour qu'ils puissent exercer utilement le patronage, ou s'il est placé dans une autre ville, ils en informent la Conférence, et il trouve de nouveaux patrons dans une paroisse plus rapprochée au moyen de la correspondance que les Conférences ont entre elles.

———

14. Si le succès couronne les efforts des visiteurs, si les soins de leur charité industrieuse sont bénis de Dieu, si enfin, à l'expiration de l'apprentissage, leur pupille, devenu ouvrier en titre et resté chrétien fidèle, a le désir de se perfectionner dans son état en visitant les ateliers renommés de diverses contrées et, en y travaillant, de faire ce qu'on appelle vulgairement *son tour de France*, ses patrons lui donnent encore alors les avis, les conseils et l'assistance morale qui peuvent lui être utiles.

Ils s'informent d'abord s'il réunit les conditions nécessaires pour devenir, par l'étude et par la pratique, artisan distingué, contre-maître ou mieux encore.

Dans le cas de la négative, ils lui font envisager les inconvénients, les éventualités et même les dangers d'un déplacement dispendieux ou du moins stérile. Ils insistent en particulier sur les conséquences ordinairement très fâcheuses de l'interruption des relations de famille, interruption qui amène si souvent l'oubli déplorable où les père et mère indigents sont laissés par leurs enfants éloignés. En effet, au lieu d'honorer leurs parents, selon l'exprès commandement de Dieu, à l'observation duquel sont attachées d'abondantes bénédictions, ces enfants se dispensent même bientôt de rendre tout devoir à leurs père et mère, et s'attirent par leur ingratitude de rigoureux châtiments.

Cependant, s'il est constant que le jeune ouvrier joint à une bonne conduite et aux sentiments d'un bon fils de la capacité et un caractère assez ferme pour résister à des séductions accidentelles, les patrons ne contrarient pas ses vues, mais ils le prémunissent contre les écueils qu'il rencontrera probablement dans sa tournée. Ils insistent en particulier sur le danger de toute liaison avec des inconnus, des impies ou des hommes sans mœurs; sur la nécessité de rester partout et toujours fidèle à remplir les devoirs du chrétien, et, enfin, sur les risques attachés à l'affiliation à certaines sociétés de compagnonnage : les rivalités, les haines même, qui existent entre des membres de sociétés de même profession, amènent, en effet, des dissensions, des chômages, des querelles, et finalement des rixes, dont les conséquences sont souvent funestes.

Sur l'indication de l'itinéraire que se propose de suivre le jeune ouvrier, ses patrons examinent si dans les villes, bourgs et villages où il aurait à faire séjour, il existe des Conférences de la Société de Saint-Vincent-de-Paul. Dans le cas de l'affirmative, ils l'en instruisent; ils le munissent d'une lettre de recommandation de la Conférence dont il abandonne le territoire pour la première Conférence qu'il trouvera sur son passage, et là, sur la remise de cette lettres il reçoit tout accueil, toute assistance appropriée à ses vues pour la station où il est parvenu.

15. Il est indispensable de faire remarquer ici qu'il n'est jamais accordé de recommandations générales, et en forme de circulaire ou de certificat, à un apprenti, à un jeune ouvrier ou à tout autre voyageur, quelque bons que soient ses antécédents. Mais, à celui dont l'itinéraire avec séjours en route est déterminé, il peut être remis une lettre spéciale et nominative pour la Conférence la plus proche ou pour celle qu'il désignerait. Cette conférence *retient et garde la lettre,* remplit son ministère de charité envers le porteur, et, lorsqu'il doit repartir, elle lui remet, si toutefois il le mérite, une lettre nouvelle pour une Conférence plus éloignée.

S'il y a motif suffisant pour ne pas lui confier cette lettre, elle est envoyée par la poste, et le voyageur reçoit seulement l'indication écrite du protecteur qu'une charitable sollicitude lui ménage plus loin, s'il est vraiment digne d'être protégé.

16. Lorsque le service militaire appelle au service un jeune homme, ils l'instruisent de l'existence de Sociétés de Saint-Vincent-de-Paul dans bon nombre de places fortes, de villes de garnison et de communes où sont établis des dépôts de régiment. Alors lorsqu'il sait quel est le lieu de sa première destination, si une Conférence y est établie, les visiteurs lui procu-

rent une lettre de recommandation pour cette Conférence.

Dans le cas où il est douteux que cette destination soit le siège d'une Conférence, les visiteurs, au lieu de remettre une lettre au jeune soldat, l'engagent à prendre à son arrivée des informations auprès de l'un des ecclésiastiques du pays.

17. Au nombre des bonnes œuvres auxquelles se livrent les associés dans les centres de population de quelque importance, il faut placer, indépendamment de la recherche du travail pour les ouvriers sans ouvrage, l'indication aux hommes et aux adolescents qui désirent entrer au service d'autrui des postes vacants ou près de l'être dans la ville ou aux environs : jardiniers, laboureurs, charretiers, garçons de ferme ou d'écurie, bergers, gardes-chasse, cuisiniers, aides de cuisine, domestiques, portiers, etc. — Pour que les associés soient à portée de donner ces indications, le secrétaire de la Conférence, se rend officieusement le centre des demandes de serviteurs et d'auxiliaires nécessaires dans les maisons et établissements de la ville et des communes qui l'avoisinent.

Cette intervention des Conférences prévient favorablement les maîtres pour les sujets qu'elles

ont à placer, et, dans cette disposition, on ob-
tient plus facilement des conventions qui assu-
rent les intérêts religieux des subordonnés.

---

18. La charge d'un loyer, si modique qu'il soit,
cause d'ordinaire beaucoup de soucis, d'embarras
et de privations aux familles pauvres.

Pour les aider à supporter cette charge, pour
exciter leur prévoyance et les encourager en
même temps à épargner sur leurs ressources
journalières ce qui sera nécessaire à une époque
connue à l'avance, des Conférences ont fondé
une *Caisse* dite *des Loyers* : les moindres
sommes y sont reçues ; et quand l'indigent y fait
un dépôt, il acquiert, en raison de la somme
versée et de l'époque du versement, le droit à
une prime que la caisse de la Conférence fournit
à la caisse des loyers, au profit du déposant. Le
produit de cette prime diminue sensiblement les
dépôts qu'il aurait à faire pour être en mesure
de se libérer à temps.

La faculté d'opérer des dépôts n'est, toutefois,
accordée que lorsque le prix annuel du loyer
n'excède pas une somme déterminée d'avance
par les Conférences, selon les localités où elles
sont établies.

---

19. Dans quelques villes où les Conférences sont

3

pourvues de ressources suffisantes, elles louent une maison destinée à loger à prix réduits des ouvriers catholiques sans famille. Ceux-ci peuvent y vivre en commun, et, dès lors, à bon marché. La maison sert en même temps à recevoir les ouvriers étrangers en passage dans la ville, qui ont été recommandés par une autre Conférence. Leur contact avec des confrères de bonnes mœurs les préserve des dangers de l'isolement et les détourne d'une foule de dangers auxquels les expose leur inexpérience.

20. Les aliments cuits, et, entre autres, la soupe, sont une précieuse ressource pour le pauvre. Quand ce dernier mets surtout peut être préparé à un centre commun pour un certain nombre d'indigents, il est peu dispendieux, et il épargne aux familles qui le reçoivent du temps, des frais et de l'embarras. Ces motifs ont porté des Conférences à fonder une marmite des pauvres chauffée par le moyen d'un fourneau économique. Depuis plusieurs années, cette œuvre a pris de grands développements.

21. Presque toutes les Conférences, même celles qui sont établies dans les moindres paroisses, ont ouvert un vestiaire. Un ou deux membres préposés à sa garde, à sa gestion et aux distributions,

accepten de toutes mains le linge, les effets d'habillement, de chaussure, de coiffure, d'ameuble-
ment et de ménage offerts à la Société,en quelque
état de délabrement et de vétusté qu'ils se trouvent Par les soins et sous la direction de ces membres, la Société s'efforce de tirer parti de toutes
choses, de rajeunir celles qui sont vieilles et de
trouver un emploi utile à celles qui étaient hors
d'usage pour les donateurs, ou dont ils ont fait
charitablement l'abandon lorsqu'elles avaient
encore de la valeur. Par l'effet de ces libéralités,
le dénûment des pauvres (celui des hommes
comme celui des femmes et des enfants des deux
sexes), le froid, les gênes et les privations dont
ils souffrent, peuvent être diminués d'une manière sensible.

22. Aucune bonne œuvre n'est étrangère à
la Société de Saint-Vincent-de-Paul; elle ne
s'est pas circonscrite dans un cercle tracé à l'a-
vance, et le soulagement d'aucune infortune
ne lui est interdit. Il est à remarquer, toutefois,
que la visite des familles pauvres à domicile, œuvre primitive et fondamentable de la
Société, est à la fois un canal toujours ouvert
pour amener aux Conférences de nouvelles
œuvres à exercer, et la source des différents
avantages qu'elles s'efforcent de procurer aux
nouvelles générations.

En s'occupant d'elles sans interruption, depuis le berceau jusqu'au moment où il est permis d'espérer que leurs pas sont affermis dans le sentier de la vertu, les membres des Conférences obéissent, en quelque sorte naturellement, aux exigences successives de la charité : d'un faible germe de bien qu'ils ont vu se développer dans un enfant, la sortie d'un premier fruit les excite à travailler pour en obtenir d'autres. Ces membres sont donc comme entraînés à passer avec joie d'une œuvre à une autre pour le même individu.

Ce résultat, s'il se maintient, est un effet de la bonté de Dieu, qui seul donne l'accroissement à ce qui est planté et arrosé.

Quant à ces membres eux-mêmes, instruments obscurs et défecteux d'une Providence qui veut bien se servir d'eux, malgré leur indignité, ils ne s'attribuent aucun succès et ne perdent jamais de vue qu'avant toute chose la Société de Saint-Vincent-de-Paul est une association de chrétiens voulant aider le pauvre, pour conquérir humblement les mérites attachés à l'exercice des œuvres de miséricorde. Leur premier but étant, dès lors, de se faire du bien à eux-mêmes en se livrant au soulagement des misères humaines, ils réduisent plus facilement à sa faible valeur le dévouement qui les anime.

23. C'est dans ces sentiments que s'efforcent de se maintenir, avec l'aide de Dieu auquel ils

recourent sans cesse, les hommes de tous les rangs, de toutes les professions, de tous les âges et de toutes les opinions qui ont été admis dans la Société. Animés auparavant par les principes du catholicisme et pratiquant alors les devoirs qu'il impose, condition sans laquelle ils n'auraient pas eu accès dans une Conférence, ils apprécient maintenant l'avantage d'être unis plus étroitement avec des confrères dignes de leur attachement : un caractère distinctif de la Société est, en effet, celui d'une franche et chrétienne cordialité entre ses membres, cordialité qui fait le charme de leurs relations.

Aussi, pour la plupart des associés, le jour de la réunion de leur Conférence est une fête qui ramène les uns auprès des autres des amis que des occupations diverses ont tenus séparés pendant une semaine. Si l'un d'eux se déplace, il est accueilli cordialement par les Conférences qu'il visite : il ne s'y trouve ni étranger, ni emprunté, toutes étant animées d'un même esprit et ayant entre elles un air de famille qui tient à l'identité de la foi, des principes et des vues qui les animent.

24. Dans les villes, sièges d'Académie et de Facultés, où affluent chaque année, de diverses contrées, un grand nombre de nouveaux étudiants étrangers les uns aux autres, et qu'il importe de soustraire à de pernicieux contacts, les

Conférences locales de Saint-Vincent-de-Paul accueillent avec empressement ceux qui leur sont adressés ou amenés. Elles les mettent en relation avec des élèves leurs devanciers, ainsi qu'avec d'autres hommes d'une conduite et d'un caractère éprouvés ; elles se dévouent d'ailleurs à leur procurer pendant le cours de leurs études les distractions honnêtes que peuvent désirer des jeunes gens issus de familles chrétiennes et ces familles elles-mêmes. Dans plusieurs villes, et il serait à souhaiter que cet exemple se propageât, un salon de réunion est fondé pour les jeunes gens membres des Conférences, qui, n'ayant pas de parents dans la cité, trouvent dans un cercle une société d'amis non moins agréables par l'étendue et la variété de leurs connaissances, que recommandables par les sentiments de piété et de charité qui les animent.

A la rentrée de tous ces jeunes gens dans leurs communes, ils y deviennent les propagateurs de la Société de Saint-Vincent-de Paul (1),

---

(1) Le Secrétariat de la Société se fait un devoir, toutes les fois qu'on en manifeste le désir, d'adresser aux personnes qui espèrent fonder une Conférence nouvelle, tous les documents qui peuvent les aider dans cette entreprise. L'*Instruction pour la formation de Conférences nouvelles* montre que cela est beaucoup plus facile qu'on ne le croit au premier abord. L'important est de se mettre à l'œuvre. Dieu et notre saint patron feront le reste.

et contribuent puissamment à son développe-
ment. Ils travaillent ainsi d'une manière efficace au soulagement et à la moralisation des
familles pauvres.

PERSONNEL DE LA SOCIÉTÉ.

25. La Société se compose :
    de membres actifs ou ordinaires,
    de membres honoraires,
    de membres correspondants,
    et de membres aspirants.
Les membres actifs ou ordinaires pratiquent
auprès des pauvres les différentes œuvres de
charité entreprises par les Conférences.

Le titre de membre honoraire de la Société
est accordé aux personnes qui ne peuvent va-
quer aux œuvres auxquelles elle se livre. Ces
membres l'aident de leurs démarches et de leur
influence, et remplacent, par leurs offrandes et
par leurs prières, la coopération réelle à laquelle
ils sont forcés de renoncer.

Les membres honoraires sont reçus dans les
mêmes formes que les membres ordinaires. Ils
n'assistent pas aux Conférences, mais ils sont
compris comme les membres actifs dans toutes
les convocations qui sont faites en dehors des
séances ordinaires.

Le titre de membre correspondant appartient à tout membre de la Société qui a changé de résidence. Si dans la ville où il est allé s'établir il n'y a pas de Conférence de Saint-Vincent-de-Paul, il se met en rapport avec le Conseil particulier ou avec la Conférence de la ville du diocèse la plus rapprochée de sa résidence, et correspond avec leur Secrétaire. Lorsque dans le diocèse il n'y a pas de Conférence, il correspond avec le Secrétaire du Conseil général.

Il reste en union avec la Société, non seulement de prières, mais aussi de bonnes œuvres, en accomplissant autour de lui des œuvres de charité et en se rendant utile à la Société toutes les fois que l'occasion s'en présente.

Les membres aspirants sont, en particulier après la première communion, les fils des membres titulaires que ceux-ci jugent à propos de récompenser de leur persévérance dans le bien, en les initiant de bonne heure à l'exercice des œuvres de charité. Ils vont avec un visiteur auprès de pauvres familles, et ils ont le droit d'assister aux séances de la Conférence. La connaissance intime qu'ils acquièrent ainsi des misères de l'humanité les préserve de la contagion des mauvais exemples, en même temps que leur concours au soulagement de l'indigence entretient en eux des sentiments généreux si naturels à leur âge.

A 18 ans, ils reçoivent le titre de membre

actif, titre qui peut même leur être décerné plus tôt, s'ils en sont jugés dignes.

Par l'admission d'aspirants, la Société prépare une génération d'hommes qui auront appris, à l'âge ardent de la jeunesse, à voir autre chose qu'eux-mêmes dans le monde, et qui auront connu d'assez près les misères de l'humanité pour y porter un remède plus efficace, au jour où il leur sera donné d'y employer de plus abondantes ressources.

26. Indépendamment des membres désignés plus haut, toute Conférence peut avoir de simples souscripteurs. Les souscripteurs ne sont pas membres de la Société, mais ils ont droit à ses prières à titre de bienfaiteurs. Dans cette position, ils s'estiment heureux de participer aux avantages spirituels dont elle jouit, et de contribuer à ses œuvres en lui confiant le soin de répartir les secours en argent, linge, vêtements, chaussures, livres, outils, etc., dont ils peuvent faire l'offrande pour les pauvres.

Les membres ecclésiastiques de la Société reçoivent le titre de membres d'honneur. Quand ils assistent aux réunions, ils y sont environnés des témoignages du respect, de la déférence et de l'affection qu'inspire, pour le caractère sacerdotal et pour leurs personnes, la reconnaissance d'une Société en union intime avec l'Eglise.

Si un Evêque visite une Conférence, la présidence d'honneur lui est déférée. Il en est de même pour MM. les Curés.

27. Les pertes qu'éprouve une Conférence par le décès ou par le déplacement de ses membres, se réparent au moyen du recrutement que les associés s'appliquent constamment à faire parmi les personnes vertueuses qui semblent réunir en elles les conditions nécessaires à leur admission. Tout associé, dans la sphère de ses relations particulières, contribue efficacement au succès du recrutement par ses efforts. Il explique à l'occasion, que chacun, sans contracter d'obligation de conscience, sans faire trève à ses travaux ou à ses occupations et sans sortir de la vie commune, peut être associé à l'Œuvre de Saint-Vincent-de-Paul.

28. On ne doit admettre dans la Société que des membres dignes de la confiance et de l'affection de leurs confrères, et qui pratiquent tous les devoirs essentiels prescrits par l'Eglise.

Chaque membre doit veiller à n'introduire au sein de la Société que des personnes qui puissent édifier les autres ou être édifiées par elles.

Il faut, en outre, pour devenir membre de la Société, à un titre quelconque, être en mesure de secourir les pauvres dans quelque minime proportion que ce soit. Toutefois, il n'est jamais imposé de cotisation aux associés ; mais ils font, suivant leurs facultés, l'offrande d'une aumône quelconque, dont le chiffre est toujours secret, lors de la quête qui termine chaque réunion.

Tout candidat est prévenu, avant son admission, que la Société de Saint-Vincent-de-Paul est une Société de frères; que les peines et les joies de chacun sont communes à tous; qu'ils joignent à l'affection pour le pauvre et au soulagement des misères humaines un véritable esprit de charité les uns envers les autres; qu'en séance, chacun s'abstient de discussions irritantes; que, loin de montrer tout d'abord de l'opposition aux propositions qui émanent d'un confrère quelconque, on les examine toutes et toujours avec justice, modération, bienveillance, et, au besoin, avec indulgence.

Aucun candidat n'est agréé, au reste, qu'après que ses titres à l'admission ont été soumis à l'admission et qu'il a été reconnu propre à resserrer les liens qui unissent les associés entre eux.

29. Dans certaines villes, le noyau et même la majorité des associés se compose d'étudiants; ce n'est pas seulement dans les séminaires, c'est aussi dans plusieurs grands établissements d'éducation que des jeunes gens se sont réunis pour consacrer des heures de congé aux travaux bénis de la charité. Plusieurs Conférences ont aussi parmi leurs membres bon nombre d'élèves d'institutions ou de pensions. Les uns doivent cet honneur et cet avantage à l'initiative des maîtres qui les instruisent et dirigent: ailleurs,

le zèle charitable des maîtres seconde le vœu des parents pour l'admission de leurs fils dans les Conférences : beaucoup de pères et de mères éclairés comprennent heureusement qu'enraciner des sentiments charitables dans le cœur des jeunes gens, avant que le souffle orageux des passions ne l'agite, c'est leur faire prendre des habitudes puissamment conservatrices de la foi et des bonnes mœurs.

La connaissance de ces faits exerce une influence salutaire ; aussi les membres de la Société ont-ils soin de propager cette connaissance et d'user de leur crédit pour que le nombre des membres aspirants s'accroisse par l'admission, à ce titre, d'élèves dignes de faire partie des Conférences.

3. Nous avons dit, page 4, que les réunions des membres de la Société portaient le nom de Conférences.

Le local des Conférences doit être un local public, autant qu'il est possible.

Chaque Conférence tient une séance par semaine.

C'est en séance que sont apportées les premières notions recueillies auprès des familles dont l'indigence a été signalée aux Conférences et qui ont été visitées en leur nom.

Les associés doivent assister à la réunion des membres de la Conférence, au jour et à l'heure où cette réunion a lieu chaque semaine.

Dans les délibérations, l'esprit de paix, de modération et le bon exemple sont préférables à un zèle trop ardent, qui pourrait donner accès à l'amour-propre.

Aux réunions hebdomadaires, une prière est faite en commun pour tout membre de la Conférence malade ou affligé; il est visité au nom de la Conférence. Les soins de ses confrères lui sont offerts, procurés et prodigués, s'il les désire ou les accepte.

Si l'associé qui était malade entre en convalescence, ses confrères s'appliquent à lui en adoucir les ennuis.

Quand une Conférence apprend le décès de l'un de ses membres, le *De profundis* est récité séance tenante pour le repos de l'âme du défunt. De plus, la Conférence fait dire pour lui une messe à laquelle assistent ses confrères.

31. Chaque Conférence a un Président, un Vice-Président, un Secrétaire, un Trésorier, et subsidiairement des Bibliothécaires, Gardiens, de vestiaires, et d'autres fonctionnaires suivant le besoin.

Ces fonctions, comme toutes celles de la Société, sont des charges et non des distinctions: les titulaires les cumulent avec les devoirs que s'imposent les membres ordinaires.

Le Président d'une Conférence la représente auprès des autres Œuvres, ainsi qu'auprès des autres Conférences.

C'est aussi au Président que sont réservées les démarches à faire auprès des personnes étrangères à la Société.

Les membres de Conférences différentes n'ont entre eux *aucune relation d'affaires*, à titre de *Membres de la Société de Saint-Vincent-de-Paul.*

Aucun associé ne prend vis-à-vis du public le titre de *Membre de la Société de Saint-Vincent-de-Paul,* et ne fait usage de ce titre que dans les relations et la correspondance qu'il peut avoir avec d'autres membres de la Société. Il ne se sert même point du nom de la Société pour l'une des œuvres dont elle s'occupe, sans avoir, auparavant, consulté la Conférence dont il fait partie et avoir été autorisé par elle. N'agir donc, au nom d'une Conférence, qu'en vertu de mandat reçu d'elle et pour les œuvres qui la concernent spécialement, telle est la règle à laquelle tout membre doit se conformer.

Le droit d'engager une Conférence n'appartient qu'au Président et *en cas d'urgence.*

Ce droit n'appartient à personne, pas plus au Président qu'à aucun autre membre, lorsqu'il s'agit de choses étrangères au but de la Société: une Société de charité qui ne sait pas se borner est bientôt épuisée. Les Conférences ne doivent donc, vu la modicité de leurs ressources, employer aucune partie de leurs fonds à des œuvres étrangères à la Société.

USAGES DE LA SOCIÉTÉ
DE SAINT-VINCENT-DE-PAUL.

32. L'expérience de faits longtemps observés
et l'obligation d'obvier à des abus et à des inconvénients qui seraient de nature à com-
promettre la Société et à en altérer l'esprit
ont déterminé l'adoption des principes et des
règles résumés ci-après; ils sont, d'ailleurs, en
harmonie avec le caractère, l'esprit et le but de
la Société.

La Société est essentiellement et exclusivement
catholique. Elle assiste néanmoins les pauvres
de toutes les religions.

La base principale de la Société est l'humilité
en conséquence, sans fuir la lumière, elle s'abstient cependant d'attirer l'attention du public,
et ne fait ni éloges ni oraisons funèbres de ses
membres. Jamais, et sous aucun prétexte, elle
ne s'occupe de politique ; le vaste champ de la
charité catholique est un terrain neutre, sur
lequel les hommes de cœur, de foi et de toutes
les opinions se donnent un rendez-vous pacifique
et utile à tous.

L'esprit des membres de la Société est celui
d'un éloignement profond pour tout ce qui, de
près ou de loin, ressemble à la contention et à la
dispute ; c'est un esprit d'abnégation d'eux-

mêmes et de déférence pour les sentiments de leurs confrères.

La Société a pour premier but de faire du bien à ses membres en les exerçant aux œuvres de charité. Elle n'a pas pour but de discourir sur ces œuvres, mais de les mettre en pratique.

Un autre but des membres de la Société est de contribuer au rétablissement de la foi et à l'amélioration des mœurs parmi les populations indigentes.

Dans la carrière de la charité, le chemin n'est pas toujours facile et libre d'obstacles. Si donc il arrive qu'une Conférence rencontre au dehors, pour ses œuvres, du mauvais vouloir et des embarras, de quelque part qu'ils viennent, elle les souffre en silence.

La Société de Saint-Vincent-de-Paul ne s'occupe point, ne s'occupe nulle part des écoles de filles; elle en laisse le soin à d'autres.

Tout membre de la Société se considère comme sans mission auprès des personnes d'un autre sexe, si elles sont jeunes.

La Société se tient même à distance des associations des dames dévouées à des œuvres charitables; aucune disposition du règlement n'interdit néanmoins, aux membres de la Société de Saint-Vincent-de-Paul, de s'adjoindre individuellement à des œuvres étrangères à ces sociétés.

Il n'est délivré à aucun membre de certifi-

cat attestant qu'il fait ou qu'il a fait partie de
de la Société.

33. Il est publié un Bulletin mensuel qui tient
les Conférences au courant des lettres inté-
ressantes parvenues à la Société, et qui est le
résumé de toute sa correspondance.

MAXIMES DE SAINT VINCENT DE PAUL.

Il n'y a que les humbles qui soient propres aux bonnes œuvres; il n'y a qu'aux humbles que la pratique des bonnes œuvres soit profitable pour l'éternité.

C'est le propre de l'esprit de Dieu d'agir avec douceur et amour.

On enchaîne agréablement et l'on gagne le cœur des hommes en traitant avec eux d'une manière humble et pleine de douceur.

L'affabilité jointe à l'amour est un moyen très efficace pour s'insinuer dans l'esprit du pauvre et pour le porter à agir dans ses intérêts.

Il est beau de voir les pauvres quand on les considère en Dieu et dans l'estime que Notre-Seigneur Jésus-Christ en a faite.

C'est Dieu lui-même qui reçoit ce que l'on donne par charité.

On ne peut faire un meilleur usage des biens de la terre que de les faire servir à des œuvres de charité : par là, on les fait en quelque sorte retourner à Dieu, qui est leur source, et qui est aussi la dernière fin à laquelle toutes choses doivent se rapporter.

Celui qui, en vue de Dieu, se dévoue au soin d'assister les pauvres, ne doit pas éprouver moins de plaisir en leur procurant des secours, que n'en éprouve un père tendre lorsqu'il présente quelque soulagement à ses enfants.

Aucun de ceux qui auront aimé les pauvres ne sera effrayé aux approches de la mort, puisque le Saint-Esprit nous dit : Celui qui s'est occupé à connaître et à soulager les besoins de l'indigent est vraiment heureux, parce que le Seigneur le délivrera au jour mauvais.

Le paradis de la terre est, comme celui du ciel, dans la charité.

Les hommes qui se veulent bien dire ministres de la charité ne doivent pas même deviser entre eux des intérêts terrestres qui partagent les puissances de ce monde.

FIN

PRIÈRES

[Au commencement des séances.

In nomine Patris, et |Filii, et Spiritûs Sancti. Amen.

Veni, Sancte Spiritus;

Reple tuorum corda fidelium, et tui amoris in eis ignem accende.

℣. Emitte Spiritum tuum, et creabuntur;
℟. Et renovabis faciem terræ.

OREMUS.

Deus, qui corda fidelium Sancti Spiritus illustratione docuisti, da nobis in eodem Spiritu recta sapere, et de ejus semper consolatione gaudere, per Christum Dominum nostrum. Amen.

Ave Maria, etc.
Cor Jesu sacratissimum, miserere nobis.
Virgo sine labe concepta, ora pro nobis.
℣. Sancte Vincenti à Paulo.
℟. Ora pro nobis.
In nomine Patris, etc.

A la fin des séances.

In nomine Patris, etc.
℣. Sancte Vincenti à Paulo,
℟. Ora pro nobis.

PRIÈRES

[Au commencement des séances.

Au nom du Père, et du Fils, et du Saint-Esprit. Ainsi soit-il.

Venez, Esprit-Saint, remplissez les cœurs de vos fidèles, et allumez-y le feu de votre amour.

℣. Envoyez votre Esprit, et ils seront créés ;

℟. Et vous renouvellerez la face de la terre.

PRIONS.

O Dieu, qui avez instruit et éclairé les cœurs de vos fidèles par la lumière du Saint-Esprit, faites que le même Esprit nous donne le goût et l'amour du bien, et qu'il nous remplisse toujours de la joie de ses divines consolations, par N. S. J. C. Ainsi soit-il.

Je vous salue, Marie, etc.

Cœur sacré de Jésus, ayez pitié de nous.

O Marie conçue sans péché, priez pour nous.

℣. Saint Vincent de Paul,

℟. Priez pour nous.

Au nom du Père, etc.

A la fin des séances.

Au nom du Père, etc.

℣. Saint Vincent de Paul,

℟. Priez pour nous.

OREMUS.

Clementissime Jesu, qui Beatum Vincentium flagrantissimæ charitatis tuæ apostolum in Ecclesiâ suscitasti, effunde super famulos tuos eumdem charitatis ardorem, ut amore tuo libentissime in pauperes impendant sua, et seipsos superimpendant, qui cum Deo Patre vivis et regnas in unitate Spiritûs sancti Deus, per omnia sæcula sæculorum. Amen.

PRO BENEFACTORIBUS.

Benefactoribus pauperum gratiam largiri dignare, piissime Jesu, qui impertituris misericordiam in nomine tuo centuplum regnumque cœleste promisisti. Amen.

Sub tuum præsidium confugimus, sancta Dei Genitrix: nostras deprecationes ne despicias in necessitatibus; sed à periculis cunctis libera nos semper, Virgo gloriosa et benedicta. Amen.

Et fidelium animæ per misericordiam Dei requiescant in pace. Amen.

Regina sine labe concepta, ora pro nobis.

In nomine Patris, etc.

PRIONS.

Très-clément Jésus, qui avez suscité dans votre Eglise, en la personne du bienheureux Vincent de Paul, un apôtre de votre brûlante charité, répandez la même ardeur charitable sur vos serviteurs, afin que, par amour pour vous, ils donnent de tout leur cœur aux pauvres ce qu'ils possèdent, et finissent par se donner eux-mêmes; qui avec Dieu le Père vivez et régnez en l'unité du Saint-Esprit, dans tous les siècles des siècles. Ainsi soit-il.

POUR LES BIENFAITEURS.

Daignez, ô très doux Jésus, accorder votre grâce aux bienfaiteurs des pauvres, vous qui avez promis le centuple et le royaume du ciel à tous ceux qui feraient des œuvres de miséricorde en votre nom. Ainsi soit-il.

Nous nous mettons sous votre protection, sainte Mère de Dieu : ne méprisez pas les prières que nous vous adressons dans nos besoins; mais délivrez-nous sans cesse de tous les périls, ô Vierge comblée de gloire et de bénédictions. Ainsi soit-il.

Et que par la miséricorde de Dieu les âmes de fidèles reposent en paix. Ainsi soit-il.

Reine conçue sans péché, priez pour nous.

PRIÈRE A L'USAGE DES MEMBRES
DE LA SOCIÉTÉ DE SAINT-VINCENT-DE-PAUL (1)

Gratias agimus tibi, Domine, qui Societatem sancti Vincentii a Paulo tot ac tantis hactenus benedictionibus cumulare dignatus es.

Hanc igitur nobis dilectissimam Societatem precamur usque respicias, sed et singulas illius partes et eam imprimis cui adscribimur. Fac, quæsumus, ut propagetur ubique et in perpetuum confirmetur, vigente semper eodem, qui fuit ab initio, pietatis, simplicitatis et fraternæ dilectionis affectu, ita ut illius opera, ab omni prorsus terrestri fœnore et cupidate libera, magis ac magis in Cœlum fecundentur.

Scis ipse, Domine, quam multis indigeant tum spiritualibus, tum temporalibus boni familiæ pauperum, quibus pro parte, exigua nimis, opitulamur. Scis et quam multis ipsi indigeamus. Miserere nostri, Domine, et infinitam misericordiam tuam omnes pariter sentiamus.

Nostris quoque fratribus qui eodem nobis conjunguntur sodalitio, si qui variis nunc premuntur angustiis, subveni, piissime Deus. Infunde illis fortitudinem, prudentiam, pacem et fiduciam quæ a te sunt. Nostræ et illorum ærumnæ, patienter Christo toleratæ, tibi sint acceptæ et in salutem fructificent.

Fusis tandem precibus, te, Domine, per merita Domini nostri Jesu Christi, specialemque beatæ Mariæ Immaculatæ et sancti Vincentii intercessionem deprecamur, ut solutis nostræ mortalitatis vinculis, omnes nobis propinquitate seu necessitudine devinctos, pauperes nobis commissos, carissimosque sodales, regni tui nobiscum facias esse participes. Amen.

(1) Indulgence de 300 jours pour les membres et bienfaiteurs qui récitent cette prière en quelque langue que ce soit. (Bref du 18 septembre 1859.)

Nous vous remercions, Seigneur, des grâces et des bénédictions qu'il vous a plu d'accorder jusqu'à ce jour à la Société de Saint-Vincent de Paul.

Nous vous les demandons encore ces bénédictions pour cette Société qui nous est si chère, pour chacune de nos Conférences, et en particulier pour celle dont nous sommes membres. Faites que notre Société se consolide, s'étende et se perpétue avec son esprit primitif de piété, de simplicité et d'union fraternelle, afin que ses œuvres, pleinement dégagées des intérêts de la terre, deviennent de plus en plus fécondes pour le Ciel.

Vous connaissez, Seigneur, les misères spirituelles et temporelles des familles que nous tâchons de soulager : vous connaissez les nôtres aussi : ayez pitié de tous, et que tous ressentent les effets de votre miséricorde infinie.

Nous vous supplions en particulier, ô mon Dieu, de venir en aide à ceux de nos confrères qui en ce moment seraient diversement éprouvés; que la force, les lumières, la paix et l'espérance qui viennent de vous, ne manquent à aucun d'eux; que leurs épreuves et les nôtres, supportées avec patience et résignation, vous soient agréables et portent des fruits de salut.

Enfin, Seigneur, nous vous conjurons, par les mérites de Notre-Seigneur-Jésus-Christ, et par l'intercession spéciale de Marie Immaculée et de notre saint Patron, de donner un jour place dans votre Royaume aux familles de nos pauvres, à nos parents, à nos amis, à nos confrères et à nous-mêmes. Ainsi soit-il.

RÉSUMÉ DES INDULGENCES

ACCORDÉES A LA

SOCIÉTÉ DE SAINT-VINCENT-DE-PAUL

A SES BIENFAITEURS ET A SES PAUVRES.

Indulgences accordées aux membres de la Société.

1° Il est accordé une Indulgence plénière, à gagner une fois chaque mois, aux membres du Conseil général et à ceux des Conseils particuliers, soit de Paris, soit des autres villes, pourvu que, vraiment contrits, s'étant confessés, et ayant reçu la sainte communion, ils aient assisté à toutes les réunions de leur Conseil, ou à trois des quatre réunions qui ont lieu dans le mois.

2° Semblable Indulgence est accordée chaque mois à tous les membres actifs de la Société, sans en excepter les conseillers et autres dont il vient d'être question, qui auraient déjà gagné l'Indulgence ci-dessus mentionnée, pourvu que vraiment contrits, s'étant confessés, et ayant reçu la sainte communion, ils aient assisté à toutes les assemblées ou Conférences, ou à trois des quatre qui ont lieu dans le mois.

3° Il est accordé une Indulgence plénière à tous ceux qui, vraiment contrits, s'étant confessés et ayant reçu la sainte communion, sont admis dans la Société, le jour où ils seront reçus dans les divers grades actifs de membre aspirant, de membre ordinaire, de membre d'un Conseil particulier, de membre du Conseil général.

4° Tous les membres, soit actifs, soit honoraires, peuvent gagner une Indulgence plénière aux jours de fête de l'Immaculée-Conception de la Sainte-Vierge, de Saint Vincent de Paul, le deuxième dimanche après Pâques, et le premier dimanche du carême (1), pourvu que, s'étant confessés, ils aient fait la sainte communion à la messe entendue en commun, et qui, aux termes du Bref du 13 septembre 1859, ne doit plus forcément être dite pour la Société, et pourvu, en outre, qu'ils aient assisté à l'assemblée générale qui se tient à ces époques.

D'après le Bref du 18 mars 1853, l'Indulgence peut être gagnée pour la fête de l'Immaculée-Conception, soit le jour même, soit, si elle est transférée, le jour de la solennité. Par le Bref du 13 septembre 1859, cette Indulgence peut, en outre, être gagnée le dimanche qui suit la fête, pourvu qu'elle ne tombe pas un dimanche, ou que, dans la localité, elle ne soit pas transférée à un autre dimanche, auquel cas il faut s'en rapporter au Bref du 18 mars 1853.

Ce dernier Bref permet de gagner l'Indulgence de la fête de saint Vincent de Paul, soit le jour même de la fête (19 juillet), soit l'un des sept jours qui suivent.

5° Une Indulgence plénière est accordée aux membres de la Société, à l'article de la mort, qui, vraiment pénitents et s'étant confessés, ou, s'ils ne peuvent le faire, étant au moins contrits, invoqueront dévotement le nom de Jésus, de bouche, s'il leur est possible, ou au moins de cœur, et accepteront de la main de Dieu la mort avec patience et avec courage, comme la peine du péché.

6° Une Indulgence plénière est accordée le 8 mars fête de saint Jean de Dieu, aux membres qui font

(1) Par Bref du 13 septembre 1859, l'indulgence du premier lundi de carême est transférée au premier dim. de carême.

la visite des malades, soit aux hôpitaux, soit à domicile.

6° Il est accordé une Indulgence de sept ans et sept quarantaines aux membres actifs, toutes les fois qu'ayant au moins le cœur contrit, ils visiteront une Conférence, une famille pauvre, des écoles ou des ateliers pauvres, ou accompliront quelque autre bonne œuvre, selon l'esprit de la Société. Ils pourront également gagner cette Indulgence toutes les fois qu'ils assisteront au saint sacrifice de la messe célébré pour le repos de l'âme de quelque associé, et qu'ils accompagneront les restes mortels des pauvres à la sépulture ecclésiastique.

Toutes ces Indulgences peuvent être gagnées par les associés qui habitent des lieux où il n'y a pas encore de Conférence établie, lorsqu'ils accomplissent, autant qu'ils le peuvent, les œuvres accoutumées et remplissent les autres conditions prescrites.

8° Lorsque les Conférences font faire des retraites spirituelles, une Indulgence plénière est accordée aux membres qui assistent dévotement à tous les exercices, pourvu que, vraiment pénitents et s'étant confessés, ils aient fait la sainte communion à la messe célébrée au dernier jour de la retraite, et prié pour la concorde des princes chrétiens, l'extirpation des hérésies et l'exaltation de notre sainte Mère l'Eglise. Il est accordé une Indulgence de cent jours à ceux qui, contrits de cœur, auront suivi seulement une partie de ces exercices et prié comme ci-dessus.

9° Il est accordé à tous les membres de la Société une Indulgence de 300 jours, toutes les fois qu'ils réciteront, en n'importe quelle langue, avec le cœur contrit, la prière de la Société commençant par ces mots :

« Nous vous remercions, Seigneur, des grâces et des bénédictions... »

Ces indulgences sont applicables aux âmes du purgatoire.

Indulgences accordées aux bienfaiteurs de la Société

1° Une Indulgence plénière et rémission de leurs péchés, à gagner une fois par mois, à tous et chacun des Fidèles de l'un et de l'autre sexe qui feront régulièrement parvenir au Conseil général une aumône déterminée, pourvu que, vraiment contrits et s'étant confessés, ils aient reçu la sainte communion.

2° Une Indulgence de sept ans et sept quarantaines une fois par mois, à tous les Fidèles de l'un et de l'autre sexe qui transmettront régulièrement une semblable aumône déterminée aux Conseils particuliers des provinces ou des villes établis par le Conseil général.

3° Une Indulgence d'un an, une fois le mois, à tous les Fidèles de l'un et de l'autre sexe qui, par souscription, ou de quelque autre manière s'engageront à donner régulièrement quelque aumône déterminée aux Conférences approuvées, soit par le Conseil général, soit par les Conseils particuliers qui en ont reçu la délégation.

4° Une Indulgence de sept ans et de sept quarantaines, une fois le mois, à tous les Fidèles de l'un et de l'autre sexe, les jours où ils auront quêté pour le Conseil général ou pour les Conseils particuliers.

5° Il est accordé aux bienfaiteurs de la Société une Indulgence de trois cents jours toutes les fois qu'ils réciteront en n'importe quelle langue, avec le cœur contrit, la prière de la Société commençant par ces mots: « Nous vous remercions, Seigneur, des grâces et des bénédictions... »

6° Il est accordé en outre aux bienfaiteurs de la Société une Indulgence plénière, à l'article de la mort, pourvu que, vraiment pénitents et s'étant confessés, ou s'ils ne peuvent le faire, étant au moins contrits, ils invoquent dévotement le nom de Jésus, de bouche, s'il leur est possible, ou au moins de cœur, et acceptent, de la main de Dieu, la mort avec patience et avec courage, comme la peine du péché.

Indulgences accordées aux pauvres de la Société.

1° Le Bref du 13 septembre 1859 concède une Indulgence plénière à toutes les personnes de l'un et de l'autre sexe auxquelles la Société de Saint-Vincent de Paul porte assistance, le jour de Noël, le jour de la fête de Saint Joseph, le jour de la clôture de la retraite annuelle, pourvu que, vraiment contrites, s'étant confessées et ayant reçu la sainte communion, elles aient visité dévotement une église quelconque ou un oratoire public, et y aient prié pour la concorde des princes chrétiens, l'extirpation des hérésies, et l'exaltation de notre sainte Mère l'Église; pour les deux fêtes ci-dessus, la visite de l'Église doit avoir lieu à partir des premières vêpres de la fête; pour le jour de la clôture de la retraite, depuis le lever du soleil jusqu'au coucher.

2° Une indulgence plénière à gagner le 8 mars, fête de Saint Jean de Dieu, par les malades assistés par les Conférences dans les hôpitaux.

3° Le Bref du 13 septembre 1859 accorde une Indulgence de cent jours à tous ceux que secourt la Société, pourvu qu'ils aient récité avec le cœur contrit, soit seuls, soit en famille, l'Oraison dominicale et la Salutation angélique, en ajoutant, en n'importe quelle langue, les invocations suivantes : « Reine conçue sans la tache originelle, priez pour nous; Saint Vincent de Paul, priez pour nous. »

(Ces Indulgences sont applicables aux âmes du purgatoire.)

Indulgences accordées aux pères et mères des membres de la Société (B. du 5 sept. 1873).

1º Une Indulgence plénière est accordée à tous et à chacun des pères et mères des membres de la Société, qui, à l'article de la mort, sincèrement repentants, confessés et fortifiés par la sainte communion, ou, s'ils n'ont pu le faire, qui, au moins avec contrition, ont invoqué de bouche, en tant que cela leur a été possible, le nom de Jésus, ou de cœur, s'ils n'ont pu faire davantage.

2º Une Indulgence plénière et la rémission de tous leurs péchés aux mêmes personnes qui, chaque jour, auront assisté aux exercices spirituels pratiqués par la Société, et qui, les derniers jours, vraiment repentantes, confessées et fortifiées par la sainte communion, auront assisté au saint sacrifice de la Messe et prié dévotement pour la concorde entre les princes chrétiens, l'extirpation des hérésies et l'exaltation de l'Eglise.

3º Une indulgence de cent jours aux mêmes personnes qui auront assisté pieusement, un jour quelconque, aux exercices spirituels sus-mentionnés.

4º Une Indulgence de sept ans et sept quarantaines encore aux mêmes personnes, autant de fois qu'elles auront assisté à un office religieux célébré à l'intention de quelque membre décédé de la Société, ou accompagné à leur sépulture les restes mortels des pauvres, ou accompli toute autre œuvre pieuse ou charitable conforme à celles pratiquées par la Société.

Toutes ces indulgences sont applicables aux âmes du purgatoire,

Vu et certifié.

† J. Hipp. card. arch. de Paris.

Paris. — Imprimerie F. Levé, rue Cassette, 17.

www.ingramcontent.com/pod-product-compliance
Lightning Source LLC
LaVergne TN
LVHW022019080426
835513LV00009B/789